Bernd Flessner

Peter Schilling

Stefan Lohr

Der kleine Major Tom

Verloren im Regenwald

Band 1: Völlig losgelöst

Band 2: Rückkehr zur Erde

Band 3: Die Mondmission

Band 4: Kometengefahr

Band 5: Gefährliche Reise zum Mars

Band 6: Abenteuer auf dem Mars

Band 7: Außer Kontrolle!

Band 8: Verloren im Regenwald

Band 9: Im Bann des Jupiters

Band 10: Im Sog des Schwarzen Lochs

Band 11: Wer rettet Ming und Hu?

Band 12: Plutinchen in Gefahr

Band 13: Die Wüste lebt

Band 14: Abenteuer im brennenden Eis

Weitere Abenteuer sind in Vorbereitung!

Bernd Flessner

Peter Schilling

Stefan Lohr

Verloren im Regenwald

In Zusammenarbeit mit

Deutsches Zentrum
DLR für Luft- und Raumfahrt

Ein besonderer Dank geht an
Herrn Dr. Volker Kratzenberg-Annies
für die fachliche Beratung seitens des DLR

TESSLOFF

FSC
www.fsc.org
MIX
Papier aus verantwortungsvollen Quellen
FSC® C108521

4. Auflage 2021

Burgschmietstraße 2-4, 90419 Nürnberg

Text: Bernd Flessner
Cover- und Innenillustrationen: Stefan Lohr
Idee/Mitwirkung: Peter Schilling
Lizenz: MajorTon Entertainment KG
Major Tom und *Völlig losgelöst* sind Marken
der MajorTon Entertainment KG
Grafische Gestaltung, Layout: Barbara Heinlein, Uwe Herrlen
Lektorat: Anja Kunze
Redaktion: Silke Neubert, Hannah Fleßner

www.tessloff.com

ISBN: 978-3-7886-4008-8

Dieses Buch entstand in Zusammenarbeit mit dem
Deutschen Zentrum für Luft- und Raumfahrt (DLR),
das den Text auf fachliche Richtigkeit geprüft hat.

DLR Deutsches Zentrum für Luft- und Raumfahrt

Inhalt

Wie alles begann

Der kleine Major Tom lebt zusammen mit seinem Vater, dem großen Major Tom, auf der Raumstation Space Camp 1. Seine Mutter arbeitet auch für die Weltraumagentur, ist aber nicht mit auf der Raumstation.
Stella ist seine beste Freundin und ebenfalls an Bord. Ihre Eltern sind bei der Bodenkontrolle beschäftigt. Plutinchen ist eine Roboterkatze und die treue Gefährtin von Tom und Stella. Gemeinsam erforschen sie das Weltall, beobachten die Erde und züchten Pflanzen an Bord der Raumstation. Eines Tages muss der große Major Tom unerwartet zum Mars fliegen und dort mithelfen, die Marsstation weiter aufzubauen.

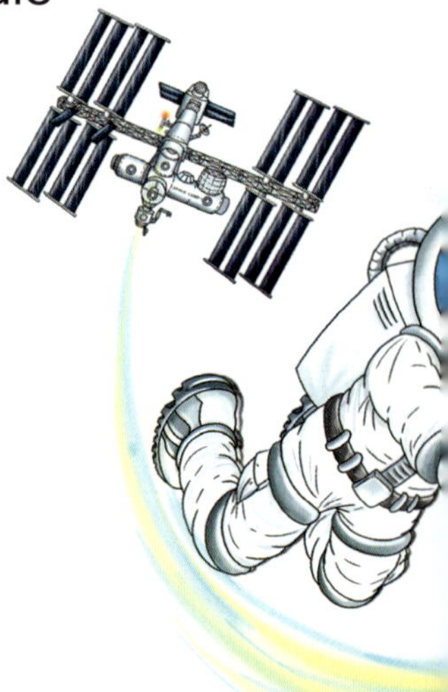

Tom, Stella und Plutinchen bleiben in der Raumstation zurück und sind nun ganz auf sich alleine gestellt.
Doch auch ohne ihre Eltern sind sie erfolgreiche und begeisterte Forscher. Gemeinsam meistern sie den Alltag auf der Raumstation, lösen Probleme und genießen zwischendurch den Ausblick auf ihren Heimatplaneten Erde. Auf den verschiedenen Missionen erleben sie ein Abenteuer nach dem anderen und lernen immer wieder Erstaunliches und Interessantes über die Erde und das Weltall. Dabei helfen sie sich gegenseitig und geben auch in brenzligen Situationen niemals auf.

Der Space Racer ist startklar

Stella, Tom und Plutinchen hatten sich in der Kantine der Bodenstation zum Frühstück getroffen. Stella löffelte ein wenig gelangweilt Müsli aus einer Schale. Tom hatte sich für ein Vollkornbrötchen mit Käse entschieden, während Plutinchen eine Steckdose an einer Versorgungsleiste nutzte, um ihren Akku aufzuladen. Ihr Schwanz diente ihr dabei als Ladekabel.

„Ich fürchte, unser Space Racer ist immer noch nicht einsatzbereit“, murrte Tom brummig. „Wir müssen wohl ziemlich viel Sand vom Mars mitgebracht haben.“

„Ich verstehe das auch nicht“, stimmte ihm Stella zu. „Wir müssten doch längst zurück zum Space Camp 1. Das Gewächshaus wird zwar vom Computer kontrolliert, aber perfekt ist der nicht. Außerdem müssen wir ab und zu auch etwas ernten. Unsere Tomaten sind bestimmt bald reif.“

„Jetzt sind wir schon eine ganze Woche hier und ich habe meine Mutter noch immer nicht gesehen“, klagte Tom. „Die müsste doch von ihrer Dienstreise längst wieder zurück sein.“
„Sie hat eben viel zu tun“, erklärte Stella.
„Das hat sie auch“, ertönte plötzlich eine Stimme hinter ihnen. „Aber jetzt bin ich endlich wieder da.“
Toms Augen leuchteten auf wie eine Supernova. Er sprang auf, stieß den Stuhl zur Seite, der polternd auf dem Boden landete, drehte sich um und wurde von seiner Mutter in die Arme genommen.
Stella kämpfte mit einer Träne, denn sie wusste genau, was Tom fühlte. Plutinchen kämpfte mit ihrem Schwanz, der von einem Stuhlbein eingeklemmt war.
„Warum werfen Menschen Stühle um, wenn sie ihre Eltern treffen?“, fragte sie und befreite sich.
„Das verstehst du nicht“, erklärte Stella. „Komm, lassen wir die beiden allein. Die haben sich viel

zu erzählen. Besuchen wir den Space Racer. Ich will endlich wissen, was die da so lange machen."
„Gute Idee", schnurrte Plutinchen. „Sonst wird der Dschungel an Bord von Space Camp 1 noch größer."
Während Tom begann, seiner Mutter alles über sein letztes Abenteuer, die Reise zum Mars, zu erzählen, verließen Stella und Plutinchen die Kantine. Inzwischen kannten sie sich gut aus auf der Bodenstation und fanden gleich den Weg zum Hangar. Dort stand der Space Racer, das eigens für sie konstruierte Raumschiff. Als sie den Hangar betraten, knieten einige Techniker vor dem Fahrwerk. Stellas Mutter, die ja auch auf der Bodenstation arbeitete, beobachtete die Arbeit. Der Space Racer glänzte, als wäre er frisch poliert worden.
„Hallo Mama!", rief Stella. „Sag bloß, der Space Racer ist fertig?"
„Hallo, Stella", antwortete ihre Mutter. „Ja, er ist endlich fertig!"
„Wir können also zurück zum Space Camp 1?", fragte Stella.
„Leider nicht", sagte ihre Mutter.

„Aber ... aber ihr habt doch gesagt, wir könnten wieder zurück auf die Raumstation“, erschrak Stella. „Wir müssen also auf der Erde bleiben?“
„Und wieder zur Schule gehen“, vermutete Plutinchen. „Aber ich helfe euch bei den Hausaufgaben.“
„Nein, nein“, lachte Stellas Mutter. „Ihr braucht nicht zur Schule. Natürlich könnt ihr zurück zur Raumstation. Die Raumfahrtbehörde ist einverstanden, wir und Toms Eltern sind einverstanden.“
„Ja, aber ... du hast doch gerade gesagt ...“, wunderte sich Stella.
„Ihr könnt jetzt noch nicht in den Orbit starten“, lächelte Stellas Mutter. „Der Space Racer ist zwar vom Marssand befreit und überholt, aber ihr müsst erst ein paar Testflüge durchführen. Sind sie erfolgreich, dürft ihr starten. Es soll ja nichts passieren, oder?“
„Sicherheit geht immer vor“, schnurrte Plutinchen.
„Ach so!“, schnaufte Stella erleichtert. „Und ich dachte schon, wir müssten auf der Erde bleiben.“
„Zwei oder drei Testflüge“, lächelte ihre Mutter.

„Ihr könntet zum Beispiel euren Freund Daniel in Petersheim besuchen. Das ist ja nicht weit von hier.“
„Daniel?“, wiederholte Stella. „Keine schlechte Idee.“
Stella und Plutinchen drehten ein paar Runden um ihr Raumschiff und marschierten zufrieden zur Kantine zurück. Dort bestellten sie sich einen Space Tea und ein Poliertuch, denn Plutinchen war ein wenig eifersüchtig auf den Space Racer, der so sauber und glänzend im Hangar stand.
„Wo bleibt denn Tom so lange“, meinte Stella nach der zweiten Tasse Tee.
„Na, die haben sich einfach viel zu erzählen“, wiederholte Plutinchen, was Stella ihr vorhin erklärt hatte. „Ihr habt eure Eltern lange nicht gesehen. So ein Wiedersehen braucht Zeit.“
„Ja, du hast ja recht“, stimmte Stella der Roboterkatze zu und goss sich noch eine Tasse ein. In diesem Augenblick betrat Tom die Kantine und kam lächelnd und gut gelaunt auf sie zu.

„Und? Wie war’s?“, fragte Stella.
„Super“, strahlte Tom und erzählte ausführlich von dem langen Gespräch mit seiner Mutter. „Wir haben sogar über unseren nächsten Urlaub gesprochen. Wir könnten dieses Jahr alle zusammen in ein Ferienhaus an der Küste fahren.“
„Klingt gut“, freute sich Stella. „Und wir könnten Daniel besuchen.“
„Wie kommst du denn jetzt darauf?“, wunderte sich Tom und sah Stella an.
„Weil wir erst ein paar Testflüge unternehmen müssen, bevor wir zum Space Camp 1 starten dürfen“, antwortete Plutinchen.
„Verstehe“, nickte Tom. „Na gut, dann statten wir Daniel einen Besuch ab.“ Er tippte mit dem Zeigefinger auf das Display von seinem Astrofon und sagte: „Daniel bitte!“
Wenige Sekunden später meldete sich ihr Schulfreund.
„Ihr kommt? Heute noch? Das ist ja fantastisch! Ich habe sowieso eine Frage an euch“, jubelte Daniel.
„Eine Frage?“, wiederholte Tom. „Welche?“

„Sage ich euch, wenn ihr da seid“, antwortete Daniel und beendete das Gespräch.
„Los, kommt!“, sagte Tom. „Das will ich jetzt wissen.“
Wenig später saßen Tom und Stella in ihren Schalensitzen im Space Racer. Plutinchen hatte es sich in ihrer eigenen Sitzschale bequem gemacht. Sie trugen keine Raumanzüge, da sie nicht ins All starten wollten.
„Major Tom an Bodenkontrolle. Bin bereit zum Check.“
Auf einem Monitor vor ihm erschien eine Checkliste mit mehreren Punkten, die er nun durchgehen und überprüfen musste.
„Treibstoff okay. Sauerstoff okay. Akkus geladen.“
Es dauerte eine Weile, bis er die Liste durchgesehen hatte, denn nach der Reparatur waren einige Punkte hinzugekommen. Aber am Ende war alles in Ordnung.
„Major Tom an Bodenkontrolle. Wir sind jetzt startklar.“
„Na dann: guten Flug!“, sagte der Mann von der Bodenkontrolle. „Wir verfolgen euch per Satellit. Meldet euch, sobald ihr eine Störung bemerkt.

Vergesst nicht: Dies ist ein Testflug!"
„Keine Sorge", antwortete Tom und griff zu dem kleinen Joystick neben sich auf der Armlehne, mit dem das Raumschiff gelenkt wurde. Stella wischte mit dem Finger über das große Display vor ihr und überprüfte noch schnell die Windstärke.
Die Düsen wurden laut, langsam hob das Raumschiff ab. Es schwebte eine Weile über dem Boden, bevor es sich in die Luft erhob. Hinter einer großen Glasscheibe verfolgten Stellas Eltern und Toms Mutter den Start.
„Alle Systeme arbeiten einwandfrei", meldete Tom an die Bodenkontrolle.
„Kein Vergleich zu dem Hubschrauber, mit dem wir vor ein paar Tagen geflogen sind", lächelte Stella.
„Und schneller sind wir auch noch", ergänzte Tom und beschleunigte. „Mal sehen, ob die jedes Körnchen Marssand gefunden haben."
„Haben sie", freute sich Stella. „Der Antrieb klingt auch richtig gut."
Tom flog noch eine Kurve, dann nahm er Kurs auf Petersheim.

In Petersheim suchte Daniel bereits den Himmel ab. Viel konnte er allerdings nicht sehen, denn er stand regengeschützt im Hauseingang. Vor dem Haus waren Tom und Stella auch beim letzten Besuch gelandet. Bei schönem Wetter. Jetzt aber regnete es. Schon seit Tagen regnete es.
„Da!“, strahlte Daniel. Und er hatte sich nicht getäuscht. Aus den tief hängenden Wolken näherte sich ein rötlich glänzender Punkt, der schon bald als Raumschiff zu erkennen war. Obwohl er es kannte und sogar schon einmal mitgeflogen war, machte er große Augen. Tom und Stella waren immerhin die einzigen Kinder, die ein eigenes Raumschiff besaßen.
Der Space Racer flog eine lang gezogene Kurve und setzte dann vor dem Garagentor in der Einfahrt auf.
In den Nachbarhäusern bewegten sich die Gardinen.
Die Landung war nicht zu überhören gewesen.
Diesmal blieben die Menschen allerdings in ihren Häusern. Es regnete einfach zu heftig.
Als sich die gläserne Haube des Space Racers öffnete, wurden Daniels Augen noch größer.
Plutinchen schwebte zuerst aus dem Raumschiff.

Sie kam aber nicht die Leiter hinunter, sondern schwebte auf ihren Düsenpfoten neben dem Raumschiff. Auf ihrem Rücken trug sie eine Art Rucksack, aus dem sich ein großer, oval geformter Regenschirm entfaltete, den sie zur Seite schwenkte. Im Schutz dieses fliegenden Roboterkatzenregenschirms stiegen Tom und Stella aus dem Space Racer aus.

„Das ist ja ein Ding!", staunte Daniel. „So etwas habe ich ja noch nie gesehen!"

„Kein Wunder“, lächelte Stella. „Das ist nur für uns entwickelt worden. Los, komm!“
Daniel klappte seinen kleinen Schirm zusammen und gesellte sich zu Tom und Stella unter den Superschirm.
„Tolle Idee, mich zu besuchen“, freute er sich und begrüßte seine Freunde. „Ihr kommt genau zur rechten Zeit. Ich habe einen echten Notfall.“
„Was ist passiert“, erschrak Stella. „Hast du die Windpocken? Ist dein Handy kaputt? Haben deine Eltern dein Taschengeld gekürzt?“

„Viel schlimmer“, antwortete Daniel. „Ich muss eine Hausarbeit schreiben. Über den Regenwald. Wie ist mein Lehrer bloß auf diese komische Idee gekommen?“

„Ich finde diese Idee gar nicht komisch“, widersprach Tom. „Der Regenwald ist doch sehr wichtig für unsere Erde. Für das Klima zum Beispiel. Außerdem leben da sehr viele Pflanzen und Tiere, die es nur dort gibt.“

„Trotzdem“, maulte Daniel. „Ich kenne den Regenwald ja nur aus Büchern und dem Internet. Das wird dauern, bis ich genug Infos zusammenhabe.“

„Ich habe eine Idee!“, entfuhr es in diesem Augenblick Stella. „Wir sollen ein paar Probeflüge unternehmen. Fliegen wir doch mit Daniel nach Südamerika, nach Brasilien. Und zeigen ihm einen richtigen Regenwald!“

„Orbital!“, stimmte Tom sofort zu. „Da wird dein Lehrer begeistert sein! Vor allem, wenn wir ein paar tolle Fotos machen.“

„Fantastisch!“, freute sich Daniel und hüpfte vor Freude ein bisschen in die Luft. „Können wir gleich los?“

„Können wir“, antwortete Stella. „Sag aber deinen Eltern Bescheid. Nicht, dass wieder Polizisten auf uns warten, wenn wir zurückkommen.“
„Abgemacht!“, strahlte Daniel. „Gute Idee!“
„Na, dann los!“, rief Stella. „Zurück zum Space Racer! Wir müssen ja auch erst noch die Bodenstation informieren, wohin wir fliegen.“
„Ist unsere Ausrüstung eigentlich an Bord?“, fragte Tom.
„Alles an Bord. Und auf eines bin ich sowieso immer bestens vorbereitet“, sagte Plutinchen, startete ihre Düsenpfoten und klappte den Superschirm zu. „Auf Regen.“

Landung im Dschungelcamp

Daniels Eltern standen in der Haustür und winkten, als der Space Racer abhob. Obwohl sie wussten, dass Tom und Stella gute Piloten waren, machten sie besorgte Gesichter.
„Wir bringen dich wieder heil zurück“, meinte Stella.
„Das weiß ich“, raunte Daniel. „Aber ich bin nicht ganz sicher, ob das meinen Eltern auch so klar ist. Seht euch ihre Gesichter an.“
„Zu spät“, sagte Tom und beschleunigte. Wie ein Pfeil schoss der Space Racer durch die dunklen und tief hängenden Wolken, über denen die Sonne schien.
„Fantastisch!“, hauchte Daniel. „Und bei uns da unten hört es nicht auf zu regnen.“
„Hier oben scheint immer die Sonne – zumindest tagsüber“, lachte Stella, während Tom bereits Kurs aufs Meer nahm. Viel sehen konnte man allerdings nicht – dazu flog er zu hoch. Doch dann riss plötzlich die Wolkendecke auf.

„Blau“, stellte Daniel ohne viele Worte fest. „Das Meer ist blau.“
Der Flug dauerte nicht lang, denn der Antrieb des Space Racers arbeitete perfekt.
„Hast du schon einen möglichen Landeplatz ausgesucht?“, fragte Stella.
„Habe ich“, antwortete Plutinchen. „Ich habe mir die Daten verschiedener Satelliten angesehen, die den Regenwald in Brasilien überwachen. Dabei habe ich eine kleine Lichtung entdeckt, die bestens geeignet ist. Hier sind die genauen Angaben.“
Stella sah auf das große Display und nickte: „Ja, das sieht wirklich gut aus. Landen wir da. Wir müssten gleich die Küste erreichen.“
„Da ist sie!“, rief Daniel, der auf einem Schalensitz hinter Tom saß.
Vor ihnen erschien ein grünes Band am Horizont. Tom verminderte die Geschwindigkeit, der Space Racer verlor an Höhe.
„Der Regenwald!“, staunte Daniel. „Aber man sieht nur die Küste. Über dem Landesinneren hängen dicke Wolken.“

„Das spielt für uns keine Rolle“, sagte Plutinchen. „Der Space Racer wurde auf der Bodenstation mit neuen Radarsensoren ausgerüstet. Damit kann man durch Wolken hindurchsehen wie durch eine Fensterscheibe.“

„Sensoren?“, fragte Daniel. „Was ist das?“

Plutinchen klärte ihn auf: „Das sind Geräte wie Kameras – aber eben ganz besondere. Normale Kameras würden einfach nur Wolken erkennen. Die Radarsensoren aber gucken durch die Wolken hindurch. Das gilt übrigens auch für Wolken auf anderen Planeten. Bei uns auf der Erde wird der Regenwald schon lange mit Radarsensoren überwacht, die sich auf Satelliten befinden. Und jetzt hat der Space Racer auch welche. Ich schalte mal unsere Sensoren ein.“

Auf dem Display erschienen merkwürdige Bilder in verschiedenen Farben. Alles war zu sehen, was sich unter ihnen befand. Alles, bis auf die Wolken.

„Orbital!“, staunte Tom und verringerte die Höhe, um über die Baumkronen hinwegzufliegen. Das war jetzt nicht mehr gefährlich, denn er konnte sie ja sehen.

„Dank der Radarsensoren kann man den Regenwald sehr gut beobachten“, erklärte Plutinchen. „Jede Veränderung wird von den Satelliten sofort erkannt. Jede verbotene Rodung und jeder Waldbrand. Ohne diese Überwachung wäre der Regenwald wahrscheinlich ganz abgeholzt worden.“
„Raumfahrt hat eben sehr viel mit der Erde zu tun“, sagte Stella. „Dank der Raumfahrt wissen wir viel mehr über unseren Planeten. Das wäre doch auch etwas für deine Hausarbeit, Daniel. Oder?“
Tom ging noch ein paar Meter tiefer, sodass sie direkt über den Baumkronen flogen. Alle nur denkbaren Grüntöne waren hier vertreten. Hier und da sahen sie große und kleine Vögel fliegen.
„Fantastisch!“, meinte Daniel. „Sieht ganz anders aus als der kleine Wald hinter unserem Haus. Man kann den Waldboden gar nicht sehen. Wie hoch sind die Bäume eigentlich?“
„Die Forscher haben den Regenwald in verschiedene Schichten eingeteilt“, antwortete Plutinchen. „Die Kronenschicht, die nach den Baumkronen benannt wurde, ist etwa 40 Meter hoch.“

Tom, Stella, Daniel und Plutinchen flogen staunend minutenlang über das Kronendach des Regenwalds, das wie eine Landschaft aussah.
„Vorsicht!“, rief Stella plötzlich, aber Tom hatte den Baumriesen schon gesehen, der aus der Kronenschicht herausragte. Er zog den Space Racer hoch, streifte ein paar Blätter und überflog die Baumkrone, die über den anderen thronte.
„Was war das denn?“, fragte Daniel erschrocken.
„Ein Überständer“, erklärte Plutinchen. „So nennt man einen Baum, der die anderen deutlich überragt. So ein Überständer kann gut und gerne 60 oder sogar 70 Meter Höhe erreichen.“
„Gigantisch“, raunte Daniel. „So groß werden die Bäume bei uns nicht.“
„Lichtung voraus“, sagte Stella, die ihren Blick immer wieder auf das Display richtete. „Sie ist groß genug, um dort mit dem Space Racer gefahrlos landen zu können.“
Tom flog zweimal im Kreis um die Lichtung, um sie sich genau anzusehen, dann setzte er zur Landung an.
„Bodenbeschaffenheit?“, fragte er.

„Fester Boden“, antwortete Stella. „Unsere Anzeigen sehen bestens aus.“
„Na, dann riskieren wir es“, sagte Tom und ließ den Space Racer langsam zwischen den Baumkronen versinken.
„Fast wie im Fahrstuhl“, meinte Daniel.
„Jetzt kann man die verschiedenen Schichten gut erkennen“, erklärte Plutinchen. „Auf die Kronenschicht folgt eine zweite Schicht aus den Kronen kleinerer Bäume. Auch die Stämme der großen Bäume gehören dazu. In etwa fünf Metern Höhe beginnt die Strauchschicht, in eineinhalb Metern die Krautschicht und am Boden schließlich ...“
„... die Bodenschicht“, vollendete Daniel den Satz. „Das war nicht schwer zu erraten. Und darunter liegt dann wahrscheinlich noch die Wurzelschicht, die tief nach unten geht?“
„Nein, es gibt nur die Bodenschicht, die sehr dünn ist“, entgegnete Plutinchen. „Die Wurzeln der Bäume sind auch keine Pfahlwurzeln, die tief in den Boden reichen, sondern sehr flache Wurzeln. Es gibt Brettwurzeln, die tatsächlich aussehen wie Bretter,

die jemand schräg an den Stamm genagelt hat, damit der nicht umfallen kann."

„Puh ... Plutinchen du wandelndes Lexikon!", unterbrach Tom Plutinchens Redefluss. „ Ich glaub', so viele Wurzelinformationen kann ich mir gar nicht merken."

Plutinchen fuhr unbeirrt fort. „Die Brettwurzeln verteilen das Gewicht des Baumes, der dadurch sicher auf dem Waldboden steht. Dann gibt es noch Stützwurzeln, die wie Äste vom Stamm wachsen, jedoch zum Boden hin, um den Baum zu stützen."

„So ähnlich wie die Landebeine vom Space Racer", meinte Stella.

„Genau", schnurrte Plutinchen.

„Wir sind da", sagte Tom und setzte den Space Racer auf dem Boden auf.

„Lage stabil", meldete Stella.

„Aber hier ist es nicht sehr hell", meinte Daniel.

„Dabei ist dies eine Lichtung. Allerdings eine sehr kleine."

„Es dringt eben nicht so sehr viel Licht durch die dichten Baumkronen nach hier unten", erklärte

Plutinchen, während Stella gebannt die immer größer werdende Zahl von roten Punkten auf ihrem Display verfolgte.
„Was haben die zu bedeuten?“, fragte Daniel. „Doch keine Gefahr, oder?“
„Kommt ganz darauf an“, antwortete Tom. „Die Punkte zeigen verschiedene Lebensformen an. Pflanzen, Tiere, Pilze.“
„So viele?“, wunderte sich Daniel.
„Ja, im Regenwald ist die Artenvielfalt besonders groß“, wusste Plutinchen. „Wie groß, weiß man nicht genau, da noch immer nicht alle Pflanzen- und Tierarten entdeckt sind. Aber in den Regenwäldern lebt mehr als die Hälfte aller Pflanzen- und Tierarten der Erde.“
„Wie viele Arten sind das?“, fragte Daniel. „Das ist wichtig für meine Hausarbeit.“
„Das weiß niemand genau“, musste Plutinchen eingestehen. „Es gibt nur Schätzungen. Die reichen bis zu zehn Millionen verschiedener Arten, die allein in den Regenwäldern leben.“
„Orbital!“, staunte Tom.

„Und davon sind natürlich auch einige Arten gefährlich“, sagte Stella.
„Das habe ich mir schon gedacht“, nickte Daniel. „Schlangen, Tausendfüßer, Giftfrösche und Krokodile gibt es hier bestimmt. Wollen wir denn wirklich aussteigen?“
„Ja, das wollen wir“, erwiderte Tom. „Wir steigen immer aus. Wie sollen wir denn sonst forschen.“
„Halt, erst müssen wir der Lichtung einen Namen geben“, wandte Stella ein. „Ich habe auch schon eine Idee. Was haltet ihr von Dschungelcamp 1. Das passt doch gut zu Space Camp 1.“
„Klingt gut“, lachte Tom.
Daniel lachte nicht. Er sah aus dem Fenster und versuchte, gefährliche Tiere zu entdecken.
„Vogelspinnen gibt es hier bestimmt auch“, meinte er.
„Natürlich. Wir sind im Regenwald“, sagte Stella. „Am besten schauen wir gleich einmal nach.“
Sie drückte einen der Knöpfe im Cockpit und die Haube öffnete sich.

Plutinchen, die Dschungelkatze

Kaum hob sich die Haube des Raumschiffs nach oben, hörten sie die vielen Klänge und Geräusche des Dschungels. Unbekannte Tiere krächzten, schrien, sangen, jaulten, riefen, knackten und grunzten. Ebenso unbekannt waren die unterschiedlichen Gerüche, die ihren Nasen Rätsel aufgaben. Verströmten Blumen oder Pilze diese Düfte oder waren es Farne und Lianen? Sie konnten nur raten. Vorsichtig verließen sie den Space Racer und sahen sich dann auf der Lichtung um.
„Hier hat bestimmt mal ein Baum gestanden“, vermutete Tom. „Er muss umgekippt sein und hat diese Lichtung hinterlassen. Ich wette, die ist bald wieder verschwunden. Zugewachsen von den vielen Pflanzen hier.“
„Und wo ist der Baum?“, fragte Daniel.
„Da liegt der Stamm“, antwortete Stella und wies mit dem Finger auf ein paar braune Brocken, die auf

dem Boden lagen. „Oder das, was von ihm übrig ist. Hier wird alles schnell zersetzt.“

„Das stimmt“, meldete sich Plutinchen zu Wort. „Im Regenwald wird jedes Blatt, jedes Stück Holz, jedes tote Tier sofort zersetzt.“

„Wovon zersetzt?“, fragte Daniel.

„Von Ameisen, Käfern, Pilzen, Asseln, Bakterien, Würmern und vielen, vielen anderen Lebewesen“, antwortete Plutinchen. „Sie fressen den Baum, durchlöchern das Holz und verwandeln es dann in Humus.“

„Humus?“, fragte Daniel.

„Erdboden, der aus abgestorbenen Pflanzen und Tieren entstanden ist und viele Nährstoffe enthält“, erklärte Plutinchen. „Auf diesem Boden wächst der Regenwald. Der Boden darunter besteht aus

verwittertem Gestein und enthält kaum Nährstoffe. Eigentlich ist er sogar unfruchtbar."

„Unfruchtbar?", wiederholte Daniel. „Ich glaube, da irrst du dich. Hier wächst ja alles wie bei uns im Wintergarten."

„Aber nur, weil es hier eine gute Humusschicht gibt", versicherte Plutinchen.

„Und wo kommt die her? Doch nicht etwa von den abgestorbenen Blättern, Ästen und Bäumen?", meinte Daniel.

„Genau daher", schnurrte Plutinchen. „Der Regenwald ernährt sich selbst. Die Nährstoffe sind immer unterwegs. Eine Pflanze stirbt, wird zersetzt, gibt ihre Nährstoffe frei, die von den Wurzeln anderer Pflanzen wiederaufgenommen werden. Es ist ein ewiger Kreislauf. Seit Millionen von Jahren."

„Gigantisch!", staunte Daniel. „Aber was ist, wenn man den Regenwald rodet?"

„Dann wird die Humusschicht schnell vom Regen ausgewaschen und weggeschwemmt", erklärte Plutinchen. „Übrig bleibt dann der unfruchtbare Boden. Und dann bleibt der Regen auch noch weg."

„Jetzt sag bloß, der Regenwald erzeugt auch noch seinen eigenen Regen?“, sagte Daniel erstaunt.
„Genauso ist es“, schnurrte Plutinchen. „Wenn es regnet, erreicht ein Teil des Regenwassers den Boden. Dort wird es sofort von den Wurzeln aufgenommen. Was die Wurzeln nicht erwischen, sammelt sich in den Flüssen.“
„Im Amazonas!“, prahlte Daniel.
„Ganz genau“, nickte Plutinchen. „Aber das Wasser, das die Wurzeln aufnehmen, wird in die Pflanze befördert, erreicht die Blätter und wird von diesen ausgeschieden. Es verdunstet. So wie das Regenwasser, das sich überall in den Blättern sammelt. Da es im Regenwald sehr warm ist, verdunstet es auch schnell und bildet neue Regenwolken.“
„Verstehe“, lächelte Daniel. „Langsam wird mir klar, woher der Regenwald seinen Namen hat. Er erzeugt seinen eigenen Regen. Die Luft ist immer feucht, es regnet sehr oft. Als vor vielen Jahren noch große Regenwaldflächen abgeholzt wurden, war das also auch eine große Gefahr. Denn ohne Regen trocknen

die Böden aus. Ein Glück, dass die Menschen es damals geschafft haben, die Abholzung zu stoppen."
„Bravo!", miaute Plutinchen.

„Vorsicht, Tom!", schrie Stella. „Eine Riesenschlange! Direkt hinter dir!"
Blitzschnell drehte Tom sich um und sah in die leuchtenden Augen einer riesigen Anakonda. Sie hatte sich aufgerichtet, sodass sich ihr Kopf Toms Kopf genau gegenüber befand.
„Was jetzt?", fuhr Daniel der Schreck in die Glieder.
Tom blieb erst einmal regungslos stehen, denn auch er wusste nicht, was zu tun war.
„Wir haben keine Waffen", hauchte Stella und suchte auf dem Waldboden nach einem Stock oder Stein.
„Aber ich", sagte Plutinchen, näherte sich vorsichtig der Riesenschlange und drehte ihr den Rücken zu. Mit ihrer

Schwanzspitze berührte sie kurz den Körper der Schlange, die plötzlich zusammenzuckte. Nach einer zweiten Berührung senkte sie ihren Kopf und setzte sich in Bewegung. Nach wenigen Augenblicken war sie im dichten Blätterwald verschwunden.
„Danke!“, schnaufte Tom.
„Es waren nur zwei harmlose, kleine Stromschläge“, schnurrte Plutinchen. „Aber sie haben ausgereicht. Wir wollen ja kein Tier verletzen.“
„Euer Plutinchen ist eine echte Dschungelkatze“, stimmte Daniel zu. „Sie weiß, wie man sich im Regenwald zurechtfindet.“
„Allerdings, sie kennt sich nicht nur im Weltraum aus“, lobte Stella.
„Warum hat sich die Anakonda eigentlich nicht auf Plutinchen gestürzt?“, wollte Daniel wissen.
„Wahrscheinlich hat sie in Plutinchen gar keine Beute gesehen“, vermutete Stella. „Schlangen riechen mit ihrer gespaltenen Zunge. Und wonach riecht Plutinchen?“
„Nach Öl und Metall“, antwortete Daniel. „Aber Schlangen haben doch auch Augen.“

„Ja, aber die sehen nur glänzendes Blech“, lachte Stella. „Viele Schlangen haben auch noch sogenannte Grubenorgane. Damit können sie Wärmestrahlung wahrnehmen, infrarotes Licht. Aber Plutinchen geht mit ihrer Energie so sparsam um, dass sie kaum Wärme abstrahlt.“
„Mit anderen Worten, die Schlange hat sie gar nicht beachtet, uns aber schon“, sagte Daniel, „denn wir strahlen ja Wärme ab.“
„Ganz genau“, bestätigte Tom. „Außerdem hat die Schlange nicht gewusst, dass Plutinchen Stromschläge austeilen kann. Passen wir trotzdem auf, denn hier kennen wir uns nicht aus.“
„Also los, sehen wir uns um“, sagte Stella. „Wir sind Forscher, keine Angsthasen. Dank der Lichtung können wir die verschiedenen Stockwerke im Regenwald genau erkennen. Sehr praktisch.“
„Überall ist Wasser“, stellte Daniel fest. „In der Astgabel dort, in der roten Blüte, im Moos an dem Baumstamm dort. Der ganze Wald ist ein Wasserspeicher.“
„Vergiss den Nebel und die Wolken über uns nicht“, ergänzte Tom.

„Der Regenwald hat also Einfluss auf das Wetter und sogar das Klima“, vermutete Daniel.
„Sogar einen sehr großen Einfluss“, erklärte Plutinchen. „Ohne den Regenwald hätten wir nicht nur in den Tropen ein ganz anderes Klima, sondern auf der ganzen Welt. Die vielen Wolken über den Bäumen schützen nämlich vor der Sonne. Man könnte sagen, der Regenwald kühlt die Tropen. Fehlt der Regenwald, wäre es viel heißer und trockener.“
„Außerdem würde es viel weniger Arten geben“, meinte Stella und zeigte mit dem Finger auf einen großen Schmetterling. „Seht euch bloß diesen Falter an.“
„Und diese tolle Eidechse“, schwärmte Tom und ging auf einen der Bäume zu.
„Dann habt ihr diesen Riesenkäfer noch nicht gesehen“, staunte Daniel und kniete sich auf den Boden.
„Habt ihr schon einmal eine so schöne Orchidee gesehen?“, fragte Stella und begann, einen kleinen Baum hinaufzuklettern, auf dem die Pflanze wuchs.
„Eine Ameisenstraße“, stellte Tom fest. „Die Ameisen tragen Blätter auf ihren Rücken. Bestimmt sind sie auf dem Weg zu ihrem Nest.“

„Ja, hier wimmelt es vor Leben“, schnurrte Plutinchen. „Das gibt es so nur im Regenwald.“
Die Freunde entdeckten auf jedem Blatt, jedem Ast und jeder Blüte neue Tiere. Stella stieg höher auf den noch jungen Baum, Tom beobachtete die von ihm entdeckten Ameisen. Die Zeit verging wie im Flug.
„Grün, wohin man auch schaut“, stellte Tom fest und drückte ein Blatt zur Seite. „Es gibt kaum Lücken. Die Blätter scheinen um jeden Lichtstrahl zu kämpfen.“
Plutinchen ergänzte: „Das Sonnenlicht ist so etwas wie die Nahrung der Pflanzen. Sie gewinnen aus Licht die Energie, die sie zum Wachsen brauchen. Zusätzlich benötigen sie noch Wasser und Luft. Also nicht einfach Luft, genauer gesagt: Kohlendioxid. Das ist ein Gas, das in unserer Luft vorkommt. Diesen

Vorgang, bei dem das Gas und das Licht der Pflanze beim Wachsen helfen, nennt man Fotosynthese."

„Das klingt kompliziert", meinte Stella.

„Das ist es auch", stimmte ihr Plutinchen zu. „Die Pflanze kann die Sonnenenergie übrigens sehr gut speichern. Und zwar in Form von Zucker. Tiere und Menschen können diese Energie dann nutzen. Eigentlich lebt ihr nur von der gespeicherten Energie der Pflanzen. Selbst wenn ihr Fleisch esst. Denn die Tiere haben sich von Pflanzen ernährt. Waren es Raubtiere, so haben sich deren Beutetiere von Pflanzen ernährt. So oder so, alle Tiere auf der Erdoberfläche leben von Pflanzen. Und außerdem", fuhr Plutinchen fort, „tun die Pflanzen euch Menschen auch noch einen weiteren großen Gefallen. Denn ganz nebenbei produzieren sie als Abfallprodukt den Sauerstoff, den ihr zum Atmen braucht. Sie reinigen also die Luft von Kohlendioxid und verwandeln es dann in Sauerstoff."

„Wow", staunte Tom. „Wenn ich das richtig kapiert habe, stehen am Anfang das Kohlendioxid aus der Luft und das Licht der Sonne."

„Das ist richtig“, schnurrte Plutinchen. „Ein paar Stoffe sind dann noch erforderlich, Wasser hatte ich ja schon erwähnt. Und dann wären da noch die Nährstoffe im Boden. Dazu gehören etwa Mineralien.“

„Nährstoffe ist ein gutes Stichwort“, warf Tom ein. „Bei mir meldet sich der kleine Hunger.“

„Haben wir eigentlich an unsere Lebensmittelpakete gedacht?“, fragte Stella, die auf einem Ast saß.

„Haben wir“, antwortete Tom. „Während der Durchsicht des Space Racers wurden die alten Rationen gegen neue ausgetauscht. Eine kleine Mittagspause wäre wirklich nicht schlecht. Was ist mit dir, Daniel?“

Eine Antwort blieb aus. Tom, Stella und Plutinchen reckten ihre Hälse und sahen sich um. Die Lichtung war leer, nur sie waren da. Daniel war nicht zu sehen.

„Wo ist Daniel?“, fragte Stella.

„Daniel!“, rief Tom. Doch nur ein paar Tiere antworteten, die er mit seinem Ruf aufgeschreckt hatte.

Daniel ist verschwunden

„Er war doch gerade noch da?“, wunderte sich Stella und kletterte den schmalen Stamm nach unten. „Weit kann er nicht sein.“

„Daniel!“, rief Tom erneut.

„Wo war er zuletzt?“, fragte Stella.

„Dort hat er gekniet“, konnte sich Tom erinnern.

„Daniel! Wo bist du?“, rief jetzt Stella. Keine Antwort. Zu hören waren nur die Geräusche des Dschungels.

„Es hilft nichts, wir müssen ihn suchen“, entschied Tom. „Also rein in den Dschungel. Haben wir eigentlich auch Macheten in unserer Ausrüstung?“

„Leider nur eine“, antwortete Plutinchen. „Ich fliege los und hole sie.“

„Vielleicht hat ihn die Anakonda erwischt?“, sorgte sich Stella und versuchte, mit ihrem Blick die grüne Blätterwand zu durchdringen. „Und wir haben es nicht gemerkt, weil wir nur Augen für die vielen Pflanzen und Tiere hatten.“

„Daran darf ich gar nicht denken“, sagte Tom. „Wir dürfen nicht ohne Daniel zurückfliegen.“
„Hier ist die Machete“, sagte Plutinchen und landete vor Tom. „Sie ist nicht besonders groß, aber besser als keine.“
„Danke“, freute sich Tom, wog das Buschmesser in der Hand und schlug dann vorsichtig einige Blätter damit ab.
„Kannst du seine Fährte aufnehmen?“, fragte Stella die Roboterkatze.
„Ich bin zwar kein Hund, habe aber einen Messfühler für verschiedene Stoffe.“
„Du kannst also Gerüche wahrnehmen?“, wollte Stella wissen.
„Na klar“, antwortete Plutinchen und ging zu der Stelle, an der sie Daniel zum letzten Mal gesehen hatten. Dort sog sie Luft ein und untersuchte sie mit ihrem Geruchssensor.
„Ja, das hier müsste Daniel gewesen sein“, stellte sie schließlich fest und begann, die Umgebung abzusuchen. „Er ist dorthin gelaufen, durch die Blätter.“

Die Lichtung war von einer dichten Blätterwand umgeben, durch die sich nun die Freunde einen Weg bahnen mussten. Trotz der Machete war das gar nicht so leicht.

„Bestimmt ist er dem Riesenkäfer gefolgt, den er entdeckt hat“, meinte Stella. „Und er hat kein Astrofon, mit dem wir ihn rufen könnten. Sein Handy nützt ihm hier nichts, denn hier ist kein Netz.“

„Unsere Astrofone!“, rief Tom. „Wir haben doch auch Sensoren für Wärmestrahlung. So eine Art Grubenorgan. Wie die Schlangen.“

Tom und Stella fuhren die Displays ihrer Astrofone aus und schalteten die Wärmesucher ein. Gleich mehrere rote Punkte leuchteten auf.
„Säugetiere und Vögel“, stellte Stella fest. „Nur sie erzeugen eigene Körperwärme. Insekten, Spinnentiere, Reptilien, Amphibien und Fische sind von der Temperatur ihrer Umgebung abhängig. Sie erzeugen keine eigene Körperwärme.“
„Aber welcher dieser Punkte ist Daniel?“, fragte Tom.
„Folgen wir Plutinchen“, schlug Stella vor. „Sie hat seine Fährte aufgenommen.“
Plutinchen nickte und schlüpfte zwischen den Blättern hindurch. Tom und Stella schoben große Blätter zur Seite und standen nach zwei Schritten im Dämmerlicht des Dickichts. Ihre Augen brauchten ein paar Sekunden, um sich daran zu gewöhnen.
„Die Blätter lassen wirklich kaum einen Lichtstrahl eindringen“, meinte Tom. „Unser Dschungelcamp ist bestimmt bald verschwunden. Wenn wir zum Space Racer zurückkehren, ist es zugewachsen. Wetten?“
„Na ja, mit Lichtgeschwindigkeit wachsen die Pflanzen ja noch nicht“, entgegnete Stella. „Aber wir

sollten trotzdem schleunigst nach Daniel suchen."
„Stimmt", nickte Plutinchen und schnüffelte am Boden. „Er muss dort entlanggegangen sein. Schaut mal."
Tom und Stella gingen in die Knie und krabbelten durch das Unterholz. Als sie Plutinchen erreichten, entdeckten sie einen Abhang, der mehrere Meter in die Tiefe führte.
„Da muss er hinunter...", begann Tom, bevor er den Halt verlor und auf dem nassen Boden in die Tiefe rutschte.
„Tom!", rief Stella. „Halt dich fest! Sonst ..."
Wie Tom rutschte auch sie den Abhang hinunter und landete unmittelbar auf seinem Gesicht.

„Aua! Meine Nase!“, schimpfte er. „Kannst du nicht aufpassen?“
„Nicht, wenn ich durch den Dschungel rutsche“, antwortete sie und stand auf. Um sie herum war dichtester Regenwald. Außerdem hatte sie nasse Füße.
„Die matschige Rutsche endet in einem Bach“, stellte Tom fest und wischte sich mit der Hand Blätter und Dreck von den Hosenbeinen.
„Wo ist Plutinchen?“, fragte Stella und sah sich um.
„Hier“, antwortete die Roboterkatze aus der Luft. „Ich hatte keine Lust auf Matsch und bin lieber geflogen.“
„Eine weise Entscheidung“, stöhnte Stella und wischte ebenfalls Blätter und Dreck von ihrem Overall. „Immerhin wissen wir jetzt, warum Daniel so plötzlich verschwunden ist.“
„Er konnte der Dschungelrutsche nicht widerstehen“, vermutete Plutinchen, die mit ihren Düsenpfoten über Stella und Tom schwebte. „Bestimmt hat er versucht, den Abhang wieder hinaufzuklettern.“
„Das ist eine echte Herausforderung“, stellte Tom fest. „Der Boden ist viel zu nass und zu glatt. Hier

kommen auch wir nicht nach oben. Er muss es an einer anderen Stelle versucht haben."
Tom sah auf sein Astrofon. Wieder zeigte das Display mehrere rote Punkte. Einer davon war jedoch größer als die anderen.
„Das könnte er sein", meinte Tom.
„Es sei denn, es ist ein Tapir oder ein Wasserschwein", gab Stella zu bedenken.
„Oder ein Jaguar", schlug Plutinchen aus der Luft vor.
„Ein Jaguar?", wiederholte Stella. „Das klingt gar nicht gut. An Raubkatzen hatte ich gar nicht gedacht. Aber du hast ja recht, die gibt es hier natürlich auch."
„Trotzdem müssen wir ihn finden", sagte Tom. „Wir gehen in nördliche Richtung. Das Astrofon zeigt uns den Weg."
„Am besten, ich fliege voraus", sagte Plutinchen.
„Dann kann ich euch rechtzeitig warnen, falls es doch ein Jaguar ist."
Plutinchen zischte los, während Tom und Stella über riesige Baumwurzeln kletterten und mit der Machete gegen Blätter und Lianen kämpften.
„Ganz schön dicht, der Dschungel", meinte Tom.

„Und laut dazu“, ergänzte Stella. „Bei den vielen Tierlauten ist es kein Wunder, dass Daniel uns nicht gehört hat. Wahrscheinlich hat er auch nach uns gerufen. Wir können es ja noch einmal versuchen.“
„Daniel!“, riefen Tom und Stella zusammen und lauschten dann in den Dschungel hinein.
Und tatsächlich, diesmal erhielten sie eine Antwort. Aber sie kam nicht von Daniel. Statt seiner Stimme vernahmen sie eine Art Bellen, das in ein Grunzen überging.
„Der Jaguar!“, raunte Tom. „Er muss ganz in der Nähe sein.“
„Das glaube ich nicht“, widersprach Stella. „Jaguare bellen doch nicht. Das sind Raubkatzen, keine Hunde oder Wölfe.“
„Ich hoffe, du liegst richtig“, stimmte ihr Tom zu. „Ein Tier war es trotzdem. Und es klang nicht nach einem kleinen Tier.“
„Bestimmt ein Tapir oder ein Wasserschwein“, vermutete Stella und hob ihr Astrofon vor den Mund. „Ich frage mal Plutinchen. Bitte kommen, Plutinchen.“
Das Astrofon schwieg.

„Plutinchen, bitte kommen!“, wiederholte sie. „Melde dich!“
Aber es blieb still.
„Sag bloß, jetzt ist die auch noch verschwunden“, erschrak Tom.
„Das hätte uns gerade noch gefehlt“, stöhnte Stella.
„Vielleicht ist sie von dem Tier angefallen worden, das gerade so gebellt hat“, meinte Tom. „Die Tiere hier wissen ja nicht, dass Plutinchen als Beutetier ungeeignet ist.“
Stella fuhr das Display ihres Astrofons aus. In der oberen, rechten Ecke blinkte ein blauer Punkt.
„Sie ist ganz in der Nähe“, stellte Stella erleichtert fest. „Ich versuche es noch einmal. Plutinchen, bitte kommen!“
„Hier ist Plutinchen“, antwortete die vertraute Stimme der Roboterkatze aus dem Astrofon. „Tut mir leid, der Empfang war gerade sehr schlecht. Aber Daniel habe ich noch nicht gefunden. Ich habe ein paarmal seine Spur verloren. Jetzt habe ich sie aber wieder.“
„Weiter!“, sagte Stella. „Wir folgen Plutinchen.“

Tom und Stella stapften weiter über den aufgeweichten Boden. Bunte Frösche hockten auf riesigen Blättern und schienen sie zu beobachten.
„Nicht anfassen!“, riet Stella. „Sie könnten giftig sein.“
„Sollen wir noch einmal rufen?“, schlug Tom vor.
„Gut. Aber zusammen“, stimmte Stella zu.
„Daniel!“
Zunächst hörten sie nichts. Doch dann drang ein leises „Hier!“ durch den Dschungel.
Tom und Stella sahen sich erleichtert an und arbeiteten sich schneller durch das Dickicht. Nach ein paar Metern hörten sie etwas über sich schwirren. Es war Plutinchen.
„Ich habe ihn gefunden“, berichtete die Roboterkatze. „Er steckt in einem Erdloch fest. Beeilt euch!“
Stella und Tom kletterten über eine hohe Brettwurzel, überwanden einen weiteren Bach und standen schließlich vor einer dunklen Öffnung im Boden. Sehen konnten sie ihren Freund nicht, dafür aber hören.
„Na endlich!“, schnaufte Daniel erleichtert aus dem Dunkel. „Ich stecke mit dem Fuß fest. Ich glaube, in

einer Wurzel. Ich bin in das Loch gerutscht, als ich versucht habe, hier den Abhang hinaufzuklettern. Ich habe schon gedacht, ich komme hier nie wieder raus."

„Natürlich kommst du wieder zurück nach Hause", versicherte Stella. „Mit uns kann dir nichts passieren. Kannst du Licht machen, Plutinchen?"

„Kein Problem", antwortete die Roboterkatze, flog direkt über das Loch und ließ ihre Augen wie zwei Taschenlampen leuchten. Jetzt sahen sie Daniel, der trotz seiner Lage lächelte. Das Loch war nicht tief, aber dennoch war er darin gefangen. Wasser rann den Abhang hinunter und begann, das Loch zu füllen.

„Wir müssen uns beeilen", sagte Tom.

„Am besten, ich steige in das Loch", schlug Stella vor, „und kümmere mich um den Fuß. Du ziehst Daniel dann heraus."

„Gut", nickte Tom.

Stella legte ihren Rucksack zur Seite und glitt an Daniel vorbei in das Loch.

„Mach dich dünn!“, sagte sie laut, „sonst kann ich mich nicht bücken. Am besten hältst du kurz mal die Luft an.“

„Mehr geht nicht“, hauchte Daniel.

Stella ging langsam in die Knie. Der Boden war bereits mit Wasser gefüllt. Mit ihren Fingern ertastete sie die Wurzel, in der Daniels rechter Fuß steckte.

„Ich muss sie durchschneiden“, erklärte Stella und zog ihr Taschenmesser aus dem Gürtel. In diesem Augenblick ertönte erneut das sonderbare Bellen.

Tom, Stella und Daniel hielten den Atem an.

„Was ist das?“, fragte Daniel ängstlich.

„Keine Ahnung“, antwortete Stella. „Ich weiß nur, dass wir hier schnellstens verschwinden sollten.“

„Ich habe den Tierlaut analysiert“, sagte Plutinchen, die fliegende Taschenlampe. „Er stammt von einem Capybara, auch Wasserschwein genannt, dem größten Nagetier der Welt. Aber völlig harmlos. Bei dem Bellen handelt es sich übrigens um einen Warnruf. Entweder vor uns oder vor ...“
„... einem Jaguar“, vollendete Tom den Satz. „Also schnell!“
„Schnell geht aber nicht“, entgegnete Stella aus dem Loch. „Die Wurzel ist fest wie ein Drahtseil. Außerdem steigt das Wasser.“
Wieder tönte das Bellen durch den Dschungel. Tom sah sich um, konnte aber keinen Jaguar entdecken.
„Die schleichen sich lautlos an“, erklärte Daniel, der Toms Gedanken offenbar erraten hatte. „Den siehst du erst, wenn es zu spät ist.“
„Was macht die Wurzel?“, fragte Tom mahnend.
„Nichts“, antwortete Stella. „Die ist zäh wie Leder.“
„Mist!“, schimpfte Tom und sah sorgenvoll auf die kleinen Bäche, die das Loch füllten.
„Geschafft! Endlich!“, rief Stella aus dem Loch. „Ich habe die Wurzel durchtrennt.“

Tom reichte Daniel beide Hände, griff fest zu und zog ihn aus dem Loch.
„Puh!“, schnaufte Daniel. „Danke!“
Tom kümmerte sich erst mal nicht weiter um ihn, sondern reichte seine Hände ein zweites Mal in das Loch, um auch Stella herauszuziehen.
„Geschafft!“, strahlte sie. „Was ist mit dem Fuß?“
„Der ist in Ordnung“, antwortete Daniel. „Es geht mir gut. Er tut ein bisschen weh, das ist alles. Ich habe immer wieder nach euch gerufen.“
„Das haben wir nicht gehört. So wie du unsere Rufe nicht gehört hast“, erklärte Stella. „Im Regenwald kann es ganz schön laut sein. Affen, Papageien und andere Tiere. Los, kommt, gehen wir zurück zum Space Racer. Mit den nassen Sachen sollten wir nicht weitermachen.“

Zurück nach Hause

„Das wird nicht leicht“, entgegnete Daniel und blickte auf seinen Fuß, den er aber gut bewegen konnte. „Hier kommt man nämlich nicht hoch. Der Boden ist aufgeweicht. Plutinchen hat es gut, die kann einfach durch die Luft fliegen.“
Stella und Tom besahen sich den Waldboden und die Steigung, die hinauf zur Lichtung führte.
„Wir müssen den Abhang umgehen“, schlug Tom vor. „Das wird eine Weile dauern.“
„Oder wir machen es wie Plutinchen und fliegen einfach durch die Luft“, grinste Stella.
Tom und Daniel sahen sie mit großen Augen an.
„Fliegen? Durch die Luft?“, wiederholte Daniel. „Geht es dir nicht gut? Hast du Kopfschmerzen? Ist dir schlecht?“
„Nein. Ich zeig’ es dir“, lachte Stella und richtete ihren Blick nach oben. Sie wählte eine der vielen Lianen aus und kletterte daran ein paar Meter in die Höhe.

Dann holte sie Schwung und schaukelte hin und her. Plötzlich ließ sie die Liane los, um eine andere zu packen.
„Fantastisch“, staunte Daniel.
„Was Tarzan kann, können wir schon lange“, prahlte Tom und schnappte sich die Liane, die Stella gerade losgelassen hatte.
„He! Wartet auf mich!“, rief Daniel und suchte sich ebenfalls eine Liane. „Ich bin nicht so schnell! Ich habe eine Drei in Sport!“
Trotzdem gelang es ihm, die Liane hinaufzuklettern und Schwung zu holen.

„Das macht ja richtig Spaß“, freute er sich und suchte schon die nächste Liane. Tom und Stella schwangen sich einige Meter vor ihm durch den Regenwald, der in dieser Höhe nicht so dicht war. Ohne große Mühe erreichten sie die Lichtung. Plutinchen verzichtete auf den Spaß und flog zurück. Fast gleichzeitig setzten sie vor dem Space Racer auf.
„Glück gehabt!“, freute sich Daniel.
„Nein, du hast Freunde“, erwiderte Tom. „Die sind viel wichtiger als Glück. So, jetzt bringen wir dich nach Hause. Du musst ja noch einen Aufsatz schreiben.“
„Über den Regenwald“, ergänzte Stella und wischte über das Display von ihrem Astrofon. Mit einem leisen Surren öffnete sich die Haube des Space Racers und sie konnten einsteigen.
Ein letztes Mal drehten sie sich um, dann stiegen sie nacheinander die kleine Leiter hinauf. Plutinchen flog natürlich und nahm als Erste Platz. Nachdem sie sich angeschnallt hatten, konnte Stella den Space Racer starten. Langsam hob das Raumschiff vom Boden ab. Wie in einem Fahrstuhl ging es nach oben, wobei sie noch einmal die verschiedenen Schichten

des Regenwalds betrachten konnten. Schließlich erreichten sie die Kronenschicht und schwebten über dem dichten Grün. Nebelartige Wolken empfingen sie, aus denen ein schwacher Nieselregen fiel.
„Der Regenwald“, meinte Daniel. „Die Hausarbeit wird kein Problem. Dafür aber meine Hose. Die hat jetzt nämlich ein Loch.“
„Das ist nicht schlimm“, meinte Stella. „Das ist doch nur eine Hose. Du bist nicht verletzt. Nur das zählt.“
Der Space Racer überquerte wieder das Meer und erreichte ohne Probleme Petersheim.

„Der Antrieb arbeitet wirklich bestens“, stellte Tom fest und übermittelte die Daten an die Bodenkontrolle. „Die werden zufrieden sein. Und wir können zurück zum Space Camp 1.“
„Da ist unsere Straße! Und da unser Haus!“, rief Daniel. „Fantastisch, wenn man ein eigenes Raumschiff hat. Ihr müsst mich unbedingt bald wieder besuchen.“
„Das machen wir“, versprach Tom. „Spätestens, wenn du wieder eine Hausarbeit schreiben musst.“
„Super! Ich danke euch für die kleine Expedition“, sagte Daniel.
Wieder setzte Stella den Space Racer vor der Garage auf. In Petersheim hatte der Regen aufgehört. Nicht nur Daniels Eltern kamen aus ihrer Haustür, auch die Nachbarn verließen ihre Häuser, um die Landung des Raumschiffs zu verfolgen. Stolz kletterte Daniel die Leiter hinunter und seine Eltern nahmen ihn in den Arm.
„Wie sieht denn deine Hose aus?“, fragte seine Mutter.

„Wie siehst du denn aus?“, fragte sein Vater und zupfte ihm ein Blatt aus dem Haar.
„Typisch Eltern!“, schüttelte Stella den Kopf.
„Das ist ein gutes Stichwort“, warf Tom ein. „Sieh mal auf die Uhr. Wir sollten langsam zur Bodenstation zurückfliegen.“
Stella sah auf ihr Astrofon und nickte.
„Ja, es wird Zeit“, sagte sie.
Tom und Stella winkten noch einmal Daniel und seinen Eltern zu, dann griff Tom zum Joystick und startete das Raumschiff. Die Menschen wurden kleiner, das Haus wurde kleiner, Petersheim wurde kleiner.
„Ich habe den Kurs programmiert“, sagte Plutinchen. „Du kannst den Joystick loslassen. Die Automatik übernimmt jetzt die Steuerung. Wir sind gleich wieder bei der Bodenstation.“
„Und morgen?“, fragte Tom.
„Morgen sind wir wieder im Orbit“, antwortete Stella. „Ich bin schon gespannt, wie es auf unserer Raumstation aussieht. Bestimmt sind die Tomaten reif und der Salat welk. Wir waren viel zu lange weg.“

„Aber dafür haben wir unsere Eltern wiedergesehen", entgegnete Tom.
„Ja, das stimmt natürlich", nickte Stella. „Dennoch ist das Space Camp 1 auch unser Zuhause."
„Und auch von dort aus können wir den Regenwald betrachten", sagte Tom. „Aus der Entfernung sieht man sogar noch viel besser, wie riesig er ist – einfach weil man alles im Überblick hat. Jetzt wächst seine Fläche sogar wieder. Wenn wir wieder an Bord sind, könnten wir versuchen, unsere Lichtung zu finden. Den genauen Ort hat unser Bordcomputer ja gespeichert, sodass wir wissen, wo wir suchen müssen."
„Ja, das machen wir. Morgen sind wir endlich wieder auf der Raumstation", freute sich Stella. „Der Space Racer ist wie neu. Wenn wir nicht gleich wieder zum Mars fliegen, bleibt das auch so."
„Dann fliegen wir eben zu einem anderen Planeten", schlug Tom vor. „Der Mars ist ja nicht das einzige Ziel im Sonnensystem."
„Stimmt!", meinte Stella. „Daran habe ich noch gar nicht gedacht. Vielleicht können wir mithilfe des

Wurmlochs auch andere Planeten besuchen und das Sonnensystem erforschen."

„Bestimmt sogar!", stimmte Tom zu. „Orbital!"

„Aber erst, nachdem wir an Bord einen Space Tea getrunken haben."

Der kleine Major Tom

Logbuch

Verloren im Regenwald // Eintrag 1

Leider haben wir keinen Jaguar zu Gesicht bekommen. Aber wahrscheinlich ist das auch besser so, denn der Jaguar ist ja eine Großkatze. Er ist sogar die einzige Großkatze Südamerikas. Sein Fell ist in der Regel gefleckt, ganz ähnlich wie beim Leopard, der allerdings in Afrika lebt. Ab und zu gibt es auch Jaguare (und auch Leoparden), die ein schwarzes Fell haben. Sie werden dann Panther genannt.

Verloren im Regenwald // Eintrag 2

Das war ganz schön knapp vorhin mit der Anakonda! Die Große Anakonda ist eine Riesenschlange, die bis zu neun Metern lang werden kann. Sie hat keine Giftzähne, sondern tötet ihre Opfer, indem sie diese umschlingt und bei jedem Ausatmen noch fester umschließt. Bis das Opfer erstickt ist. Kein schöner Tod! Anakondas halten sich gerne im Wasser auf, sind aber auch mal an Land unterwegs.

Verloren im Regenwald // Eintrag 3

Lianen sind Kletterpflanzen. Es gibt also keine Pflanzenart, die Liane heißt, sondern verschiedene Pflanzen, die an Bäumen in die Höhe wachsen und Lianen genannt werden. Obwohl sie keinen Stamm haben, gelingt es ihnen, in die Höhe zu wachsen und so ihren Blättern mehr Licht zu verschaffen. Auch bei uns in Europa gibt es Lianen, zum Beispiel Efeu, Hopfen oder Weinreben. Sie sind allerdings nicht so kräftig wie die Arten, die im tropischen Regenwald vorkommen. Die kann man mit etwas Glück als Seile verwenden, an ihnen hochklettern oder sich abseilen. Oder auch schwingen, so wie wir es gemacht haben. Im Film sehen Lianen oft so aus, als würden sie von oben nach unten wachsen. Das stimmt natürlich nicht: Sie wachsen von unten nach oben. Weil sie aber in den Baumkronen Äste umschlingen, hängen sie dort fest.

Verloren im Regenwald // Eintrag 4

Wie gut, dass die Wälder wieder wachsen und nicht mehr Bäume abgeholzt werden, als nachwachsen können. Bevor wir wieder zu Space Camp 1 fliegen, werden wir zum Abschied noch ein paar Bäume pflanzen, denn davon kann es einfach nie genug geben.

Hier wachsen jede Menge Bäume

„Das Universum ist groß, die Erde unser Zuhause.“

Peter Schilling

Die Kreativ-Crew rund um den kleinen Major Tom

© Kurt Fuchs

Bernd Flessner …

… hat am 24.11.1957 Geburtstag. Er wurde in Göttingen geboren, ist aber am Meer aufgewachsen. Seine Lieblingsfarbe ist Rot. Am liebsten schreibt er Bücher für Erwachsene und Bücher für Kinder. Wenn er mal gerade nicht schreibt, dann kocht er. Sein Lieblingsgericht ist selbst gemachte Lasagne. Bernd Flessner ist ein begeisterter Zukunftsforscher, ihn interessiert alles, was mit Raumfahrt und Weltall zusammenhängt. Sein größter Wunsch wäre es, einmal zum Mars zu fliegen (und zurück natürlich, damit er von seinem Abenteuer berichten kann).

© Stefan Lohr

Stefan Lohr …

… hat am 5.5.1972 Geburtstag. Er wurde in Leutkirch geboren und lebt heute in Ravensburg. Seine Lieblingsfarbe ist Blau. Und am liebsten illustriert er Bücher für Kinder. Wenn er Zeit hat, dann fährt er gern Achterbahn. Am liebsten mit Doppellooping. Sein größter Wunsch wäre es, einmal mit Major Toms Space Racer ein paar Loopings im Weltall zu drehen.

Peter Schilling

Wer kennt nicht „Major Tom (völlig losgelöst)" und hat dazu schon mal ordentlich abgetanzt? Der Sänger und Songschreiber Peter Schilling, von dem dieser und noch viele andere Songs stammen, hatte die geniale Idee, die Geschichte aus dem weltbekannten Lied weiterzuerzählen – und zwar als Geschichte für Kinder. Er ist, wie er sagt, im Herzen ein Kind geblieben und hat so die Idee zum kleinen Major Tom, Stella und Plutinchen gehabt. Und weil er den Autor und Weltraumfan Bernd Flessner kennengelernt hat, sind daraus Geschichten entstanden. Peter Schilling möchte gerne, dass Kinder die Möglichkeit bekommen, so viel wie möglich über unsere Welt und das Universum zu erfahren. Deshalb tauscht er sich gerne vor seinen Konzerten mit Kindern über das spannende Thema Weltraum aus.

Bisher erschienen:

Band 1: Völlig losgelöst
ISBN 978-3-7886-4001-9

Bd. 2: Rückkehr zur Erde
ISBN 978-3-7886-4002-6

Bd. 3: Die Mondmission
ISBN 978-3-7886-4003-3

Bd. 4: Kometengefahr
ISBN 978-3-7886-4004-0

Bd. 5: Gefährliche
Reise zum Mars
ISBN 978-3-7886-4005-7

Bd. 6: Abenteuer auf
dem Mars
ISBN 978-3-7886-4006-4

Bd. 7: Außer Kontrolle!
ISBN 978-3-7886-4007-1

Bd. 8: Verloren im
Regenwald
ISBN 978-3-7886-4008-8

Bd. 9: Im Bann des Jupiters
ISBN 978-3-7886-4009-5

Bd. 10: Im Sog des
Schwarzen Lochs
ISBN 978-3-7886-4010-1

Bd. 11: Wer rettet Ming
und Hu?
ISBN 978-3-7886-4011-8

Bd.12: Plutinchen in Gefahr
ISBN 978-3-7886-4012-5

Bd. 13: Die Wüste lebt
ISBN 978-3-7886-4013-2

Bd. 14: Abenteuer im
brennenden Eis
ISBN 978-3-7886-4014-9